51
Lb 1308.

DE LA FRANCE

CONSIDÉRÉE

DANS LES CIRCONSTANCES PRÉSENTES

à l'occasion

DE L'APPEL FAIT PAR LA GAZETTE A TOUS LES CITOYENS;

Par M. Felix de La Roque.

Prix, un Franc.

PARIS,

POTEY, LIBRAIRE, RUE DU BAC, N. 46;

DENTU, LIBRAIRE, PALAIS-ROYAL;

RUSAND, LIBRAIRE, RUE DU POT-DE-FER ST.-SULPICE, N. 8.

1832.

PARIS, IMPRIMERIE DE POUSSIELGUE,
RUE DE SÈVRES, N. 2.

DE

LA FRANCE,

CONSIDÉRÉE

DANS LES CIRCONSTANCES PRÉSENTES.

Un journal célèbre a cru devoir faire pour la France une profession de foi politique, et en même temps consulter l'opinion de chacun sur cette déclaration de principes. Ce journal s'adresse à tout le monde, à ceux qui ont un nom dans la science publique comme à ceux qui n'en ont pas. C'est en cette considération que nous répondons, pour notre part, avec franchise et simplicité à son appel.

Il nous a paru convenable d'examiner rapidement les circonstances dans lesquelles la *Gazette* a publié cette sorte de manifeste, *signe auquel* elle a dû s'attendre *qu'on contredirait*, ainsi que les principes généraux qu'il implique et expose. On nous pardonnera peut-être si, conduits par l'ordre et l'enchaînement des idées, nous proposons à notre tour nos propres réflexions sur *ce criterium* qu'on cherche aujourd'hui en politique comme en philosophie. Ce sera toucher, autant qu'il est en nous, la question de ces *établissemens* que Leibnitz voulait qu'on fît toujours dans la recherche de la vérité à mesure qu'on y avance.

Un plus long préambule serait déplacé; abordons sans détour la question en elle-même.

La France est hors de sa voie. Elle cherche son assiette et ne la trouve pas. De là pour tous un état d'inquiétude et de malaise aussi fréquemment exprimé que vivement senti.

En de telles circonstances, la *Gazette* a mis en tête de ses doctrines un grand principe, savoir : qu'il n'appartenait jamais à un peuple de changer sa constitution et de s'en créer une autre d'après des théories empruntées. Encore resterait-il à examiner si elles auraient été prises et entendues dans leur véritable *esprit*, ces institutions étrangères, quelles qu'elles soient, dont il n'est pas douteux que *la lettre nous tue*.

Il fallait donc commencer par la faire connaître cette ancienne et naturelle constitution de la France, conservée par les mœurs et consacrée par des traditions qu'il s'agit de renouveler ou d'étouffer à jamais. Mais ces institutions qui, pour n'avoir pas été formulées dans le style des chartes modernes, n'en avaient pas moins force et caractère de lois, réveillent aujourd'hui des préjugés déjà invétérés. C'est l'effet nécessaire d'une révolution dans les doctrines qui date de plus de quarante ans. Ce qui était clair et démontré pour nos pères est devenu obscur et problématique pour la génération présente. Il était donc indispensable qu'on s'entendît sur le sens des mots, qu'on les *définît*, pour *finir*, s'il est possible, *la révolution*. C'était ce que demandait, dans un temps d'honorable souvenir pour lui, un écrivain spirituel et souvent profond de nos jours, M. Fiévée.

Il fallait en particulier exposer comment on concevait ces *États-généraux* de la nation française, qui n'ont pu être remis en question sans devenir la triste matière d'interprétations dont la logique et la bonne foi ont eu trop rarement lieu de s'accommoder. Cette thèse, proposée par la *Gazette*, a été soutenue par elle avec un rare talent, point qui n'est pas contesté.

Ainsi elle a reporté l'attention publique vers des considérations nouvelles, en ce sens qu'elles avaient été oubliées. Elle a cherché à rappeler la France à elle-même, à ce *mos majorum* qui fut le véritable palladium de Rome, qui a été et qui est encore celui de la Chine contre les siècles et les Tartares, ses vainqueurs, qui n'ont pu la changer.

Toute la question est dans ce point-là. Suivant la manière dont on la résoudra, la patrie entrera dans une voie de salut, ou déclinera de plus en plus vers un état de confusion et d'anarchie, maladie morale, dont la Providence ne tire les peuples qu'elle doit sauver que par des remèdes bien violens et bien amers.

C'est le cas ou jamais de faire l'application de cette maxime, qui veut *qu'on se connaisse soi-même*. Mais il importe de réduire la discussion à ce qu'il y a de capital et d'essentiel, écartant

1.

les points accessoires, comme celui de l'admi-
nistration et de ses formes, pour mieux saisir
les grands principes à déterminer.

Après cela, que la vérité vienne d'*Apollon*
ou de *Cephas*, qu'elle précède ou qu'elle
suive le jugement de la nation, si elle peut
jamais enfin s'assembler solennellement, peu
importe, pourvu qu'elle se fasse jour. Le besoin de la vérité fut toujours ce qu'il y eut de
plus pressant.

Pour nous, nous l'avons dit, au lieu de
prendre en détail les principes de la déclaration
dont il s'agit, nous aurons plus court d'exposer sommairement les nôtres, heureux de nous
rencontrer avec la pensée d'hommes qui se
montrent chaque jour si dignes de la cause à
laquelle ils se sont voués.

Si par hasard en quelque point qui n'eût pas
encore été suffisamment éclairci, nous pouvons
différer de leur opinion, nous livrons en toute
simplicité à la discussion et au jugement d'au-
trui ce qui nous serait propre, ce qui semble-
rait de nous, disant avec un poète ancien :

Si quid novisti rectius istis
Candidus imperti; si non his utere mecum.

Nous sommes destinés comme peuple, comme
corps social, à vivre ou à mourir, non pour nous,
mais pour les autres. C'est l'axiome connu,
nemo sibi vivit aut moritur. Quoi que nous fas-
sions, en spectacle à l'univers, nous servirons
d'exemple aux nations qui nous entourent, et
nous serons pour elles le signal d'un mouve-

ment progressif ou rétrograde dans les voies de la civilisation et de l'ordre.

Nous nous connaîtrions imparfaitement, nous ne nous connaîtrions pas, si nous ne nous étudiions qu'en nous seuls. L'homme, sous quelque aspect qu'on le considère, ne vit que par la société, n'est accompli, n'est parfait qu'en raison de ses rapports sociaux : c'est la loi de sa nature ; il la porte de gré ou de force. Vainement voudrait-il s'isoler, se mettre à part. C'est alors qu'il ne trouverait qu'erreur et déception pour lui-même, jusqu'à ce qu'il fût violemment ramené au principe de l'unité qu'il aurait follement méconnu par son orgueil.

La France a été constituée de la main de l'auteur de toutes choses pour marcher en un temps donné, en tête de la société. La France a dû continuer, pour *des peuples qui la veulent,* sous une forme nouvelle la magistrature de Rome, du dernier des empires.

Placée au centre de l'Europe, de même que l'Europe l'est au centre du monde, elle est un état essentiellement monarchique, parce qu'elle est comme point capital d'action et de mouvement ; essentiellement militante, elle a à combattre en elle-même jusqu'à ce qu'elle ait atteint son complément intrinsèque, sa perfection individuelle : elle combat aujourd'hui pour amener l'Europe, et par l'Europe, s'il était possible, l'univers au point d'unité où elle est parvenue pour elle-même, comme nation particulière.

Nous disons l'œuvre de Dieu, le vœu de la nature, telle qu'il l'a faite. Chacun sent assez l'œuvre de l'homme : chacun voit où peut aller l'individu contre la société.

La lumière que la France doit répandre est douce comme celle du soleil qui l'éclaire : tout en elle est tempéré : c'est son caractère propre. La raison publique chez elle a crû et s'est fortifiée de tout le calme de ses passions morales et politiques. L'autorité, parmi nous, n'a jamais eu besoin de ces formes absolues et tranchantes que comportent ailleurs des humeurs plus violentes et des cœurs plus durs. La patrie, pour les Français, heureuse mère, a pu dès le commencement appeler ses enfans, prompts à croître en raison, à la participation d'une commune et constante liberté.

Nos mœurs, à les étudier dans la partie forte et dominante de notre sang national, dans les Francs, ces fils glorieux de la Germanie, avaient été trouvées dignes du pinceau de Tacite. Écoutons-le lui-même :

Chez les Germains, nous dit-il, *les rois n'ont point une autorité absolue et illimitée. Sur les affaires d'une médiocre importance l'élite de la nation délibère, sur les plus graves la nation toute entière elle-même.* C'est ainsi que, laissée à son action bienfaisante, la nature, chez nous, devait offrir pour la conduite politique des hommes l'exemple d'une juste et sage proportion entre le but et les moyens. On retrouvera quand on voudra l'application constante du double principe que nous venons de signaler, selon la mesure du besoin de la société, dans toute la suite de notre longue histoire. Il suffit de le rappeler pour tout lecteur de bon sens et de bonne foi.

Nous sommes donc essentiellement tempérés dans notre couleur politique, comme sous tout autre rapport.

Mais, à prendre les choses en leur principe, il nous a fallu choisir entre trois modes de gouvernement d'état social qui existent pour les hommes, s'excluant et se repoussant respectivement l'un l'autre. Nous ne pouvions être au fond que monarchie, aristocratie ou démocratie. Or, nous avons pris le premier de ces trois états, de l'un desquels nécessairement on retrouve la racine fondamentale dans le gouvernement de quelque peuple que ce soit. Nous sommes donc une monarchie; et dès l'origine, en France, le souverain a pu tout pour un peuple qui a été tout pour lui, sous l'empire d'une loi supérieure de grâce et de perfection.

Notre gouvernement, plus ou moins aristocratique ou démocratique dans sa forme, suivant la gravité des circonstances, a toujours passé, quand il l'a fallu, à la rigueur du principe monarchique. C'est un hommage que notre raison jusqu'à ces derniers temps avait constamment rendu à cette loi mystérieuse de sacrifice, qui est le lien nécessaire de l'ordre général. Ces périodes plus ou moins longues de dictature exercée par plusieurs de nos rois, que nous remarquons dans notre histoire, ne s'expliquent que par le besoin que nous avons éprouvé en différens temps, de suspendre nos libertés, et de les remettre momentanément aux mains du chef de l'état. C'était lui donner le moyen de proportionner la force d'action à celle de résistance qui pouvait se rencontrer.

C'est ainsi qu'en agissait pour l'intérêt de sa vaine gloire la fière Rome. Elle n'hésitait pas à appeler dans les crises et les périls de la patrie l'institution de la dictature au secours de son sénat et de ses consciences trop faibles quand elle fut menacée de se perdre par le luxe et la dissolution des mœurs. Après avoir conquis le monde, elle anima, elle fit homme cette ombre de royauté qu'elle avait portée sur son peuple en lui-même; elle invoqua à l'appui de sa vertu républicaine expirante l'honneur monarchique. Elle sauva le nom de Rome dans celui de César.

L'homme, dans la simplicité native de son cœur, commence par la justice, il en fait la règle de ses mœurs. Bientôt il l'écrira et elle sera sa loi. Ce fut ainsi que nos pères, ayant voulu que l'autorité fût non seulement à un seul, mais encore à une seule famille, en un ordre certain et invariable, le principe de l'hérédité dans la transmission du pouvoir, par droit de progéniture, est devenu loi, ou autrement légitimité par excellence. C'était au moins, parmi l'inévitable variation des choses humaines, une chance de plus d'assurée pour la paix et la fortune de l'état.

Mais cette loi d'ordre et de stabilité ne devait recevoir que du temps seul l'empreinte de sa dernière consécration. La raison publique a eu pour nous comme pour tout autre peuple ses âges et ses époques. On sait ce que nous étions dans le commencement, ou plutôt ce qu'était le monde en général aux temps de son émancipation de la loi de servitude du paganisme. L'empire de la force régnait seul, à bien dire, et constituait trop souvent, par le fait, le droit des rois.

Il importerait sans doute de montrer quelle fut la marche de la Providence qui nous gouverne dans la succession des trois dynasties royales de France. Là comme sur tant d'autres points des doctrines du jour, il y aurait à dissiper des préjugés et des erreurs ; mais cette discussion ne serait plus dans la mesure d'un écrit du genre de celui-ci.

Qu'il nous suffise de rappeler que lorsque notre patrie eut reçu l'accession du dernier peuple qui dût venir de la Scandinavie, quand l'ère et la marche des barbares, furent fermées par l'établissement des Normands dans la Neustrie, un ordre d'institutions politiques commença, ou plutôt se renouvela, qui semblait ne plus devoir changer, où l'autorité se soutint par elle-même, et n'eut d'autres bases que la pure justice. Telle devait être la part, la destinée des fils de Robert-le-Fort, auteurs de notre troisième dynastie.

Le trône de nos rois est désormais la conscience, leurs armes sont la raison publique. Si une formule chrétienne intervient sur leur sceau, c'est un hommage qu'on rend à la majesté de celui sans l'ordre et la permission duquel rien n'arrive.

Voilà la royauté sous les descendans de Hugues Capet, cet illustre petit-fils du défenseur de la patrie dont nous avons cité le nom glorieux. Ils n'eurent plus besoin, comme leurs prédécesseurs eussent dû faire sous la première race, de retenir par devers eux le commandement immédiat des armées. Tous domaines par degrés se fondront dans la puissance du leur propre, qui fut le principe de leur élévation : quand ils auront tout réuni ils rendront tout à la nation, et ne voudront régner que par la seule force en vertu de la loi.

Alors notre raison sera capable de rendre sacrifice pour sacrifice. Nous aussi, à notre tour, peuple et sujets, tant que ce nom n'importunera pas un vain et ridicule orgueil, nous ferons abnégation de nous-mêmes, de notre nombre devant la dignité d'un roi en qui nous sommes instruits à révérer un père. Un froid égoïsme n'aura pas encore desséché nos cœurs, nous saurons aimer ; la confiance est facile à celui qui aime, elle est sûre à celui qui est aimé.

Les siècles s'écouleront sans que le principe de la fidélité de la France envers ses rois légitimes éprouve désormais d'altération. Il se justifiera pour la patrie sous les plus heureux développemens de gloire et de prospérité. Il s'identifiera avec la propre nature de notre cœur, au point de n'être jamais en question, si ce n'est au moment où il pourra sembler en opposition avec celui de notre religion sainte.

Dans ce péril au moins apparent des doctrines les plus précieuses pour l'homme, nos pieux et fidèles ancêtres se partageront. Mais Dieu aura vu la droiture de leurs intentions mutuelles. Le fils de S. Louis, le successeur présomptif de Charlemagne et de Clovis, résoudra la difficulté par un retour authentique à la foi de ses pères.

Ainsi sera terminée la première grande question politique qui, jusqu'alors, aura divisé la France en elle-même. Le principe qui fondait depuis plusieurs siècles la fortune publique en restera plus assuré et plus sacré que jamais. Une nouvelle suite de prospérités, qui ne s'altérera que par courts intervalles, commencera pour ce royaume béni du ciel, qui n'attendait pour refleurir qu'un Bourbon qui fût légitime.

Mais, qu'on ne s'y méprenne pas, les doctrines de la France sur ce point capital étaient celles de toute l'Europe. Elles ne souffriront d'exception à proprement parler qu'en la seule Angleterre, en ce pays de révolutions et de guerres intestines, où le sang le plus noble a tant de fois coulé à flots après les combats sur les échafauds.

Là sous l'empire d'une religion née au sein de la persécution, non pour elle, mais pour ses adversaires, on a décidé en faveur de la nouvelle foi de la nation contre la légitimité du souverain, ce qui avait partagé et tenu en suspend la France catholique. La révolution qui a précipité du trône les Stuart fut pour la masse du peuple anglais une révolution de conscience.

Un Dieu, sous l'empire des lois secrètes duquel un Brennus, spoliateur du temple de Delphes, un Erostrate, destructeur de celui d'Ephèse, ont été voués à l'exécration du genre humain, devait-il retirer l'action protectrice de sa justice à un peuple qui suivait, n'importe pourquoi, les mouvemens de sa conscience vis-à-vis la majesté, telle qu'on la lui avait faite de la toute puissance. Un catholique sait assez quels vœux il doit former pour l'Angleterre. Mais tout homme sensé descend dans son cœur, et, éclairé par le flambeau de sa raison, y cherche la règle de sa conduite.

Gloire à Dieu et paix aux hommes de bonne volonté sur la terre.

Ainsi pour résumer la question principale, la France est un état monarchique.

La nation concourt proportionnellement avec son chef à l'œuvre de ses lois, suivant la gravité des objets en discussion.

Elle a confiance en son roi.

L'idée de se révolter contre son autorité lui est étrangère. Si elle doit jamais la concevoir, ce ne sera pas d'elle-même qu'une telle pensée lui viendra. Elle lui sera importée avec des doctrines nouvelles qui créeront pour elle un

cercle vicieux de questions insolubles et de dif-
ficultés inextricables.

Nous laissons, nous le répétons, à la sagesse
et à la maturité des conseils de qui il appar-
tiendra, selon les décrets d'une Providence im-
pénétrable, à régler les formes, quand il en
sera temps, d'institutions à renouveler pour
nous ou à modifier.

Seulement qu'il nous soit permis de le dire
en passant, nous ne concevons une chambre
des Pairs que comme pouvoir et commission
en quelque sorte intermédiaire entre le chef
et les états généraux de la nation. Ce pouvoir
a dû et devra, ce nous semble, toujours se
fondre dans le grand principe de l'unité natio-
nale, représentant par voie directe ou indirecte
le vœu de tous.

Toutes combinaisons qui admettaient le jeu
simultané de plusieurs pouvoirs nous paraissent
contraires à la loi fondamentale de l'ordre qui
est.

L'esprit spéculatif du siècle se fait illusion
sur la portée de ses inventions politiques. Le
faux et le vide lui en échappent sous le voile
séduisant de systèmes, dans la création desquels
on se complaît par un secret orgueil. On ne
voit pas que l'unité de pouvoir se fait jour,
qu'elle a seule action sous l'apparence de ces
rouages multiples qui seront un embarras alors
qu'ils cesseront d'être pour tout le monde une
déception.

Au fond, l'Angleterre, avec *ces trois pouvoirs*

étonnés du nœud qui les rassemble, est une aristocratie. Elle peut devenir une démocratie. Elle pourrait, par contrecoup, redevenir une monarchie, mais jamais elle n'aura été ni ne sera qu'en imagination un état où trois pouvoirs existeraient concurremment et en balance perpétuelle l'un vis-à-vis de l'autre. Cela n'a pu être qu'une fiction qui cache à deux prétendus pouvoirs la force réelle et agissante d'un seul.

Il serait facile de démontrer qu'en France il n'y a jamais eu lieu qu'à l'unité de pouvoir. Le nom seulement et la forme en ont varié. Le jour où cette loi de la nature manquerait, il y aurait nécessairement déchirement, anarchie jusqu'à ce que le plus fort des partis qui se diviseraient l'état l'eût emporté, et qu'on sût enfin à qui obéir. Car c'est là en dernière analyse le besoin de l'humanité, considéré dans l'état social. Les hommes sont ainsi faits : on ne les changera pas.

L'ordre en repos, la paix pour les peuples, n'a pas besoin de loi. Quand il y a harmonie en un système, équilibre en ses diverses parties, on n'y touche pas. Mais s'il faut y mettre la main, c'est alors qu'il importe de savoir à qui s'adresser. C'est ce qui décide de la nature du gouvernement d'un pays. Or, en France, on avait toujours regardé au roi, toujours appelé en lui comme en une seconde Providence.

Ces considérations pour tout lecteur sensé n'infirment en rien la gravité de toutes questions relatives à l'ordre et aux formes à adopter et à suivre dans l'art de régir la France. Elles n'ont trait qu'au principe fondamental qui nous paraît être propre à notre patrie, comparativement à d'autres peuples.

On trouvera toujours dans l'histoire des nations en général, quand on le voudra, l'unité de pouvoir, sous des apparences différentes qui ne changeront rien au fond de la chose ; dans celle de notre patrie en particulier, on ne peut méconnaître ce même principe, sous la dénomination et la couleur que nous avons dû signaler.

L'étude du cœur humain, pour ceux qui aiment à en pénétrer les secrets, jettera de vives et touchantes lumières sur cette grande question ; et les maximes qui consacrent la haute vérité que nous avons exprimée ne manquent à la mémoire de personne.

Mais qu'on sache bien que ce n'est pas assez d'avoir rappelé à la France ce que les générations précédentes l'avaient faite, et à quelles conditions elles avaient attaché le pouvoir. Il faut encore la lui faire aimer cette puissance royale, en qui seule elle peut trouver le moyen d'ordre qu'elle cherche au dedans comme en dehors d'elle-même. Il lui faut représenter vivement, pathétiquement, qu'elle deviendrait la plus faible des nations du jour où le lien de l'autorité monarchique manquerait au faisceau de ses provinces. Privée d'action et de dignité vis-à-vis de voisins fiers et jaloux, elle ne remplirait plus sa mission en Europe ; elle tomberait dans le mépris des peuples.

Elle n'a plus, elle repousse avec dégoût ce ressort usé de je ne sais quelles idées de liberté qui suppléa pour elle, aux premières années de la période révolutionnaire, cet antique et vrai patriotisme qu'elle trouvait sous l'aiguillon de l'honneur monarchique. Elle est trop mûre par l'effet du temps et de l'expérience pour n'avoir pas senti ce qu'il y avait d'illusoire dans de vaines théories désormais sans application, sans analogie avec nos mœurs et nos besoins présens.

Il faudrait donc encore qu'elle implorât auprès d'un Dieu sévère jusqu'en ses miséricordes quelque nouveau dictateur qui, après lui avoir durement appris à obéir, la tînt sous sa main de fer, comme un instrument d'effroi vis-à-vis ce qu'il y avait de peuples à châtier. Comment se fait-il donc que des leçons si présentes à notre mémoire nous profitent si peu ?

Il en coûte sans doute à l'orgueil de brûler ses idoles, de désavouer de faux systèmes; mais enfin quand on voit tomber pièce à pièce tous les appuis empruntés des gouvernemens qui sont nés du principe révolutionnaire, on devrait au moins de bonne foi porter sa vue au-delà de ce qu'ils nous auraient prétendu apprendre. Ce serait nécessairement revenir à ce qu'on aurait voulu nous faire oublier.

Pour toutes les générations qui nous ont devancés dans le chemin de cette vie, un roi, un chef quelconque imposé par la loi était, nous le répétons, un père qu'on ne craignait pas d'aimer. Cette idée de paternité s'attache essentiellement à celle de toute autorité établie et non contestable.

Le sénat romain était aussi parmi les peuples pour lesquels il siégeait un corps de *pères cons-crits*. C'était donc une paternité collective, tout aussi vénérable en son principe que celle d'un monarque légitime. La paternité se retrouve pour le pouvoir dans toute expression qui soit légalement émanée des comices de la démocratie non moins que des conseils de l'aristocratie.

Otez, si vous le pouvez, cette vérité de nos esprits, et que le sentiment qui en naît s'éteigne dans nos cœurs; et vous aurez bientôt rendu le devoir de l'obéissance aussi difficile à faire comprendre que pénible à remplir.

Nous le savions avant le règne de nos modernes penseurs, en fait de législation, il y a combat et opposition entre tous corps constitués d'une même société. Mais ce que nous devons à leurs vains systèmes, c'est d'avoir outré les conséquences d'un principe qui trouvait son correctif dans une loi d'ordre supérieur, dans un moyen d'équilibre renouvelé par le christianisme pour les hommes en société, dans la charité telle que la religion l'enseigne. La philosophie, même purement humaine, aperçoit sans doute à son tour la nécessité de cette loi de sacrifice que l'homme a le droit d'imposer à son semblable, à l'égard de la société. Mais elle s'arrête à l'effet, ne remonte pas à la cause;

2

parce qu'il faudrait y voir un être suprême et créateur qui *aurait, pour sa gloire, donné à chacun un commandement, un devoir à remplir vis-à-vis de son prochain.*

Ce fut là le triomphe de la législation antique de notre patrie, *de ce beau royaume,* qu'un philosophe (1) aura déclaré *avoir été fondé par ses évêques.* Tout y fut marqué au coin de l'esprit de sacrifice de la part de l'individu au profit du corps social. Nos lois ne permirent à personne de faire *sa volonté propre et particulière;* elles imposèrent *à tous l'obligation de faire seulement ce que demanderait la raison publique.*

Mais de tels dévouemens, de telles abnégations de soi-même, passés pour chacun, dans la famille comme dans l'état, en force de loi, furent constamment adoucis et tempérés en leur amertume par la considération du grand et éternel objet auquel on apprenait à immoler sa vie. Le nom de Dieu était partout, dans toutes transactions privées comme publiques, il intervenait entre le faible et le fort. L'homme n'était jamais abandonné, jamais sans consolation, ni vis-à-vis de lui-même, ni vis-à-vis de ses semblables.

Le peuple voyait son souverain, en commémoration de la charité du fils de Dieu, laver les pieds de douze pauvres et s'humilier authentiquement un jour par an, pour apprendre à le faire dans son cœur tous les jours de sa vie.

Le peuple, dans ses calamités, dans ses plus

____

(1) Montesquieu.

grandes afflictions, se souvenait des saints protecteurs qu'il avait dans le ciel ; il recourait à leurs châsses bénites, les portait en procession dans ses rues désolées. De ces saints personnages dont le nom ranimait son espérance, l'un avait en son temps, par ses supplications, détourné des murs d'une ville un barbare menaçant, l'autre avait obtenu du ciel la cessation d'un fléau exterminateur.

Le peuple français avait changé de dynastie, mais jamais de foi. Ses rois, de quelque sang qu'ils sortissent, furent toujours les vengeurs de la chrétienté contre ses ennemis naturels, les protecteurs du Saint-Siége, les zélateurs prudens de la foi catholique.

Nos rois étaient *très chrétiens*. C'est à ce titre qu'ils furent trouvés dignes, quand il le fallut, de juger leurs pareils et de servir de médiateurs entre des peuples voisins et leurs propres princes.

Nos rois étaient *très chrétiens ;* et la Hongrie et la Pologne briguaient tour à tour l'honneur de la participation de leur sang pour régner sur elles. Quand la Hongrie n'eut plus de leur race chérie qu'une fille, elle se consola dans la fiction du nom de roi donné à cette petite-nièce de S. Louis ; et son *roi Marie* servit d'exemple et de présage aux acclamations qu'elle devait donner un jour à son *roi Marie-Thérèse.*

Non, on ne séparera pas de la France l'idée de la foi catholique. On doit cette garantie à toutes les misères de l'humanité. On la doit en particulier à ceux de nos compatriotes, de nos frères, pour parler le langage plus doux de l'Église, qui seraient, par le malheur des temps, aliénés de la commune et primitive croyance. C'est dans l'essence même du principe que l'Église catholique conserve plus pur qu'aucune autre que nous apprenons à ne point nous *juger ni nous condamner, à attendre, à espérer, à tolérer tout.* Les lois des hommes passent. celle-là ne passera pas ; et les malheurs du schisme et de l'hérésie la trouveront toujours entre eux et quiconque serait tenté d'y apporter d'autres remèdes que ceux d'une prudente charité.

Vainement retournerait-on dans tous les sens les formules de nos droits politiques, l'expression de nos vœux et de nos besoins comme corps de nation, la France ne sera pas accomplie, ne sera pas France tant qu'elle ne sera pas le royaume *du fils aîné de l'Église, du roi très chrétien.* Avoir effacé ces titres, c'est avoir consenti à une sorte de dégradation vis-à-vis des autres peuples chrétiens. C'est avoir perdu volontairement dans les rangs de la société et milice européenne les seuls signes d'honneur qu'on pût nous pardonner, et qui n'effarouchassent point l'orgueil de pareils toujours jaloux. Ces titres, nous ne nous les étions pas attribués nous-mêmes : ils ne nous venaient pas d'une présomptueuse arrogance. Ils n'en marquaient que mieux notre rang et n'en consacraient que plus sûrement une supériorité qui n'avait rien d'hostile et de menaçant.

Que la France, nous le répétons, soit une monarchie ; que les moindres de ses enfans rentrent enfin en participation de ces droits de citoyen dont une révolution contraire aux petits et aux faibles les avait privés. Que tous les Français puissent se regarder et se dire aussi véritablement égaux entre eux qu'on leur avait fait espérer qu'ils le seraient. Elire n'est pas délibérer ; l'élection est le propre du plus grand nombre, de même que la délibération appartient au moindre.

Que chacun voie pour sa fortune et légitimité privées une garantie dans la stabilité et la légitimité publiques. Jamais prince, de quelque part qu'il vienne, ne s'asseoira sur notre trône qu'il ne soit bientôt forcé de faire enseigner et prêcher une telle doctrine. On n'édifie, on ne fonde rien que par ce principe, même après qu'on se sera servi de maximes contraires pour s'ouvrir une voie au pouvoir et renverser des obstacles.

Dieu tient entre ses mains les destins des rois et des races royales. Ses desseins sont inscrutables, *ses conseils* peuvent *n'être pas les nôtres*. Mais ce qu'il y a de certain, c'est qu'on devra toujours vis-à-vis de tout établissement d'ordre et d'autorité publique professer le dogme de la légitimité.

Dieu seul, nous le disons une seconde fois, sait au profit de quelle race et génération cette doctrine devra servir. Il suffit aux hommes de savoir qu'ils n'en ont pas une autre à annoncer, s'ils veulent rester ou rentrer pour jamais en paix avec eux-mêmes et avec les autres.

Que l'esprit de révolte, que ce principe d'*insurrection*, dont un délire inconcevable a prétendu faire *le plus saint des devoirs*, soit enfin considéré et compris dans tout ce qu'il a de contraire à l'ordre et au bien de la société ; la religion nous enseigne *à obéir à des princes même mauvais*. Or, le raisonnement et l'expérience démontrent aisément à quicon que ne cherche pas à se tromper, que c'est dans une juste mesure de confiance, et au besoin de patience vis-à-vis de ses chefs et de ses supérieurs, selon l'ordre de la loi, qu'on trouve le remède le plus sûr de ses maux. Ceux qui naissent pour les peuples des suites de la révolte, même après qu'elle aura été le plus célébrée, le plus chantée, devraient seuls suffire à la preuve de cette vérité. Ici les événemens nous sont d'une trop cruelle justification pour que nous voulions nous en prévaloir contre des adversaires enveloppés avec nous dans de communs malheurs. Nous livrons cette réflexion à leur conscience, en qui nous espérons, après tant de déplorables déceptions qu'ils ont éprouvées pour eux-mêmes.

Que la France, en ces jours de deuil et d'une calamité qui semble plus meurtrière pour sa capitale que pour d'autres points analogues et semblables, lève enfin les yeux vers le ciel. Elle se souviendra peut-être que na-

guère, sur une obscure église de son terri-
toire, un signe inexplicable à sa raison se dé-
ploya en traits lumineux pour sa foi. Un tel
prodige, on le sait, avait eu lieu jadis aux
yeux de Constantin, dont il toucha et conver-
tit le cœur. Instruits à révérer une Providence
qui ne fait rien d'inutile, n'en perdons pas la
pensée.

Abaissons ensuite nos regards sur la terre,
portons-les dans ces réduits obscurs et infects
où languit la misère que presse la mort; pro-
menons-les sur ces rangées symétriques de lits
où expirent chaque jour des centaines de malheureux arrachés par les progrès de l'épidé-
mie à la douce lumière de la vie. Que voyons-
nous aux côtés de ces mourans, d'une appro-
che si dangereuse pour les vivans? qu'y voyons-
nous? dis-je. Des femmes empressées qui en
chacun d'eux semblent soigner un frère; des
hommes à l'air et au vêtement modestes, qui
recueillent les derniers soupirs de ces victimes
d'un fléau terrible et les consolent par l'espérance d'une nouvelle et meilleure vie.

Tous ces êtres secourables à l'humanité souf-
frante, tous ces anges de paix contre les an-
goisses de l'âme non moins que contre les dou-
leurs du corps, à quel signe les reconnaît-on?
Au même qu'à celui dont nous avons rappelé
l'étonnante apparition, au signe de la croix
du chrétien! Jugeons-le donc aux œuvres qu'il
inspire, et, menacés ou déjà frappés dans ce
que nous avons de plus cher, n'endurcissons

pas nos cœurs et ne méconnaissons pas le bras de Dieu.

Sainte religion de la France, coutumes et lois anciennes de la patrie, nom sacré du roi, franchises et libertés d'une nation fière autant que douce, qui pourra nous apprendre à vous connaître telles que vous goûtèrent nos pères, à vous regretter, à vous désirer profondément, universellement? Qui ôtera de nos esprits ce fol amour de nouveauté par lequel nous devenons de plus en plus inquiets, agités en nous-mêmes et inutiles à l'Europe? Mais un mur de discorde sépare la France en deux camps ennemis. L'aigreur et le ressentiment sont au fond de bien des cœurs. L'ignorance, l'oubli des vérités les plus simples, des devoirs les plus certains, tel est le fruit d'une longue révolution qui a commencé par enseigner à une génération à méconnaître l'autorité de toutes celles qui l'avaient précédée. Le père n'est plus écouté du fils. La porte la plus large est ouverte à toute vaine curiosité de l'esprit de l'homme, à toute son audace. Faudra-t-il donc que nous n'ayons à espérer que dans l'excès du mal? Faut-il qu'on ait aussi long-temps fait en vain un appel à notre raison, à cette lumière de notre conscience, qui ne nous permettrait pas d'imputer à d'autres qu'à nous notre propre perte?

Il n'y aura pas d'exception pour nous ni de dérogation aux lois générales qui règlent l'ordre et le mouvement moral du monde. Notre salut est attaché à l'observation de cette maxime d'autorité divine qu'on nous répète sous tant de formes , *qu'il ne faut point transgresser les bornes antiques posées par ses pères.*

Nous aussi nous avons cherché, à l'exemple de maîtres habiles en la science publique , à prouver cette vérité qui consacre l'inviolabilité des lois naturelles et propres à chaque peuple. S'il nous fallait un exemple, nous n'irions pas loin pour le trouver.

Regardez , dirions-nous à nos concitoyens , voyez parmi vous ces étrangers à la démarche guerrière, à l'air modeste à la fois et sûr, ces braves Polonais qui vous sont si chers : vous les avez accueillis avec empressement ; vous les regardez comme de généreux martyrs de la plus sainte cause ; et vous avez raison. Vous connaissez leurs héroïques efforts , leurs sanglans combats contre le peuple moins noble qu'eux qui asservit leur patrie. Vous connaissez leurs derniers malheurs, leur fatale déchéance du rang de nation libre. Mais ce que vous ignorez c'est l'origine , la cause première de cette dégradation d'un des peuples les plus vaillans de l'Europe, d'un de ceux qui avaient le plus mérité de la société par de longs combats contre les Turcs et les Tartares, ces antiques et naturels ennemis de notre civilisation. Apprenez-le donc enfin pour que toutes les leçons de l'histoire ne soient pas, s'il est possible, perdues pour vous.

Cette nation que vous savez être aujourd'hui dispersée parmi les autres, et captive sous le

joug de peuples qui ne la valent pas, fut long-
temps forte, victorieuse et florissante sous le
sceptre paternel de deux dynasties révérées de
rois. Quelque fière qu'elle fût, quelque sentiment qu'elle eût de ses libertés, elle laissait
sur le trône de l'état le fils succéder sans obs-
tacle au père. Elle n'usait pas en réalité du droit
d'élection dont elle parut jalouse parfois de se
réserver une ombre. Son histoire fait foi de ce
que nous avançons, et les preuves en surabon-
deraient si nous voulions.

Mais lorsqu'elle eut commencé à s'écarter
de la tradition des exemples de ses ancêtres,
qu'elle eut laissé par degrés dégénérer en li-
cence cet amour d'une liberté sage qui était
inné avec elle, alors l'autorité du roi tomba de
plus en plus parmi ses peuples, bientôt elle ne
fut plus qu'un vain titre. Alors il parut plus doux
à l'orgueil du téméraire Polonais d'avoir à chaque génération un roi de son choix que de le
recevoir, de l'adopter tout naturellement, tel
qu'un ordre approuvé de succession le lui
donnait autrefois. Alors, en vertu du *liberum
veto*, chacun dans les diètes put se croire le
droit de mettre sa volonté au-dessus de celle
de tous les autres ensemble. Le règne de la
justice cessa, celui de l'intrigue, des factions
et finalement de la force commença.

La Pologne, avec ses formes de gouvernement toutes dissemblables à celles des autres
peuples, parut être comme hors du droit com-
mun. Elle n'eut plus de race, de famille royale

qui la protégeât auprès des rois de l'Europe.
Elle ne fut plus bientôt qu'une proie à parta-
ger entre des peuples voisins, aux dépens desquels elle s'était jadis si glorieusement et si
largement étendue.

La Pologne, long-temps avant sa chute,
n'existait déjà plus que de nom, le sort n'attendait qu'une occasion pour déclarer et con-
sommer sa ruine. Chez elle, comme bien ailleurs, l'esprit de secte, de partage dans la religion devait précéder et entraîner celui de
faction et de division pour l'Etat.

La Pologne recelait en son sein ce qu'on y
appelait des dissidens, c'est à dire des sectaires
plus ou moins respectivement nombreux de
communions opposées à l'ancienne religion de
la nation. Dans les agitations et les méconten-
temens qui naquirent entre les citoyens de
cette diversité de croyance, chaque commu-
nion dissidente cherche un appui funeste auprès du peuple, parmi des voisins qui étaient
en rapport de foi avec lui. L'ambition du
Russe, si long-temps humilié par le Polonais,
ne devait pas laisser échapper une telle occasion de se venger et de se récupérer. La haine
du catholicisme, si vive alors dans le cœur de
l'Allemand protestant, du Suédois, du Danois,
de l'Anglais, aveugla les rois et les peuples
sur les dangers que courait l'indépendance de
la Pologne, et par contrecoup l'intégrité des
droits de la grande famille chrétienne.

Les divers actes de la première tragédie du

sacrifice d'un peuple entier, qui dut se jouer dans l'Europe moderne, sont connus et n'ont pas besoin d'être retracés ; nous n'avons dû en toucher que le principe. Nous observerons toutefois qu'il importe, pour être juste, de bien discerner la part que chacune des puissances co-partageantes prit à l'accomplissement d'un tel acte d'iniquité.

Ce fut la Russie qui agit en tête et comme principe déterminant du mouvement d'occupation et de démembrement. La sagesse de Frédéric II, la piété de Marie-Thérèse répugnaient également à cette œuvre inouie que l'un envisageait comme imprudente, et l'autre comme injuste. Mais la Pologne périssait ; elle tombait minée par les machinations odieuses de la Russie. Il ne parut pas à propos de laisser cette puissance redoutable recueillir à elle seule le fruit de tant d'intrigues secrètes qu'elle se montrait résolue d'appuyer effrontément d'une violence manifeste.

De ce court récit que nous traçons des causes de la perte de la Pologne, ressort sans commentaires et sans interprétations une leçon suffisante pour qui voudra la recueillir. Il restera clair et démontré pour tous ceux qui liront et étudieront sincèrement l'histoire de ce peuple digne d'un meilleur sort que ses maux ont commencé avec l'altération qu'il consentit du principe monarchique, avec sa déviation de la voie de ses pères.

Il était réservé à cette noble nation de nous

donner encore, mais pour cette fois, d'une manière louable et exemplaire, des leçons dont il
est bien à souhaiter que nous ne perdions pas
le fruit. La Providence qui a amené parmi nous
les restes glorieux d'Ostrolenka, de Grochow
et de tant d'autres combats mémorables soute-
nus par les Polonais contre les Russes nous a
mis à même de juger par nos propres yeux du
principe de leur force et vertu patriotiques. Ces
guerriers sont religieux, ils s'inclinent devant
nos croix; ils assistent humblement à la célé-
bration de nos saints mystères; ils rendent
grâce à Dieu du pain qu'il leur accorde dans
leur exil et leur misère; beaucoup portent sur
leurs poitrines, avec les cicatrices du fer de
l'ennemi, le signe et les couleurs d'une tendre
dévotion pour la mère de Dieu.

On a pu abroger leurs lois nationales, leur
ôter une patrie; mais on n'a pu leur ôter leur
foi, cette foi pour l'honneur et la défense de
laquelle leurs ancêtres ont versé tant de sang
contre les sectateurs terribles alors de l'isla-
misme envahissant. Le Russe, à qui il a été
loisible de prévaloir par le nombre sur le Polonais abandonné, a bien su quelle barrière
la religion catholique mettait entre lui et le
peuple qu'il vouloit subjuguer. Il l'a levée autant qu'il a pu par la violence et la corruption
la plus honteuse à l'égard des provinces du
rit grec de cette ancienne monarchie qu'il a
incorporées les premières au vaste corps de
son empire. Mais il a assez respecté le carac-

tère du vieux et brave Polonais pour ne pas tenter de l'affaiblir et de le dégrader sur le point de sa foi.

Il est donc resté catholique de cœur comme de nom, ce digne héritier du sang des Zamosky, des Czarnizky, des Sobieski. Il est catholique vis-à-vis du Russe qui a le malheur de ne plus l'être. Dans la religion de ses pères il voit le présage le plus ferme de sa nationalité à reconquérir. Oui, il lui semble qu'il sera toujours Polonais tant qu'il saura invoquer la patrone de son pays, la vierge de Czenstochaw.

Mais nous aussi n'avions-nous pas notre vierge aux miracles? et en quel temps fut-il plus à propos de nous en souvenir? N'avons-nous pas aussi une patrone pour la France? Ne sommes-nous pas même entre tous les peuples chrétiens le premier qui en ayons fait la dame de notre foi; Notre-Dame! Son secours manqua-t-il jamais à nos ancêtres? Nous en avons pour monumens certains ces noms divers que nous lui donnons encore, noms qui attestent qu'elle fut tour à tour, quand nous eûmes besoin de son intercession puissante, Notre-Dame de Consolation, Notre-Dame de bon Secours, Notre-Dame des Victoires.

Mais rapprochons-nous d'une manière plus directe du but auquel nous tendons, et qu'il tarde à notre faible plume d'atteindre.

Que la Pologne, encore une fois, nous soit, puisqu'il le faut, un triste exemple de la manière dont on perd les états; mais qu'elle nous

en soit un plus heureux de celle dont on peut
espérer de les relever un jour.

Si la Pologne a péri par l'esprit de désobéis-
sance , par l'abus qu'elle a fait de sa liberté ,
elle a au moins conservé un gage de son réta-
blissement futur dans cet esprit de foi qui rend
l'homme propre à tous les dévouemens , qui le
prépare et l'instruit à tous les sacrifices.

Oui, elle renaîtra un jour qui n'est peut-être
pas , nous l'espérons , éloigné , à une vraie et
durable liberté, cette noble terre des Sarma-
tes , cette reine auguste des Slaves. La France
a une grande faute à réparer envers elle. La
France eût dû jadis empêcher la chute d'un
état chrétien qui , aux jours de ses premiers
malheurs, implorait son secours ; elle ne l'a
pas fait. Elle doit aujourd'hui ne pas désespé-
rer de ramener libres dans leur patrie, au temps
marqué pour leur retour, tant d'exilés qui ac-
courent parmi nous comme parmi des frères
compatissans. La France doit à la société de ne
pas permettre qu'un des membres, quel qu'il
soit , de la république européenne et chétienne
soit dégradé de ses droits nationaux et réduit
au rang de sujet sous un autre qui voudrait dé-
passer ses limites. Béni sera du Ciel et des
hommes celui d'entre les Français qui se ren-
contrera pour une telle mission.

Mais auparavant il nous faut renaître nous-
mêmes à l'ordre. Il est aussi une servitude dont
nous devons commencer par nous affranchir,
c'est celle des préjugés révolutionnaires sous le

joug desquels nous ne pouvons rien de grand ni pour nous ni pour les autres. Nous sommes evidemment dans un état d'agitation et de fièvre morale, qui n'est que trop analogue au mal physique qui nous dévore. Notre nullité politique n'échappe à personne, et Dieu seul sait quand et par qui nous en sortirons.

Quel remède à de tels maux ? Il est assurément dans un prompt et sincère retour aux doctrines par lesquelles nos pères apprirent à les éviter. La voix de notre conscience nous dit assez qu'on ne répare le mal que par le moyen par lequel on aurait fait le bien.

Pour nous, si nous devons formuler une expression qui renferme et précise enfin toute notre pensée, nous dirons aux faibles comme aux forts, aux petits comme aux grands, à ceux qui *demandent des miracles* comme à ceux qui *cherchent la sagesse*, que nous n'avons à leur *annoncer* pour la conduite politique de la vie *que la croix du Christ.*

C'est en elle seule que nous trouvons ce signe d'amour, d'obéissance, de sacrifice, qui nous explique l'homme, qui nous révèle ce mot de l'énigme sociale que l'on cherche vainement ailleurs, cette raison de la raison même, en vertu de laquelle nous nous mouvons et nous agissons comme créatures intelligentes.

Il y a un temps pour cette vérité, vis-à-vis de la société, comme on peut l'observer chaque jour vis-à-vis de l'individu. Nous nous estimerions malheureux de pouvoir penser qu'il ne serait pas encore arrivé pour nous. Quoi qu'il en soit de son opportunité ou de son inopportunité, (ce que nous ne savons ni ne préjugeons pas) nous l'aurons toujours présentée hardiment, comme le seul lien de réconciliation que nous puissions connaître pour les parties qui nous divisent, comme le seul drapeau sous lequel il y ait ralliement et accord possibles.

Toutes les vérités que des maîtres habiles dans la science des hommes publient de nos jours , à l'envi l'un de l'autre, trouvent d'elles-mêmes leur confirmation et leur sceau dans ce symbole sacré de la plus haute doctrine du genre humain. Plus on la méditera dans son rapport avec les lois sociales, plus on sentira que celui-là était vraiment *roi* et législateur des nations qui leur apprenait par son exemple *à obéir* et *à obéir jusqu'à la mort.* La société ne peut demander davantage , et son triomphe serait de l'obtenir, non de la force, mais du cœur et de la volonté de ceux auxquels elle s'adresse. (Or, où trouvera-t-elle ailleurs que dans la croix du Christ l'exemple , le précepte et la grâce qui attire?

Nous livrons au petit nombre de ceux qui seraient tentés de lire l'écrit éphémère d'un auteur sans nom ce qu'un amour au moins sincère de la vérité nous aura dicté en ces jours critiques.

Quant à ces habiles et courageux vengeurs des droits de la vraie et ancienne France, à l'appel si opportun desquels nous avons voulu aussi

répondre , ils y trouveront, plus ou moins ex-
plicitement, un témoignage de notre adhésion
aux doctrines capitales qu'ils auront professées.

Pour ceux qui ne savent, dans la simplicité
de leur âme que *craindre Dieu* et *honorer leur
Roi* à la manière de leurs pères, nous aimons
à croire qu'il y aura dans les effusions trop
faciles et trop libres peut-être de notre zèle
chrétien et patriotique une preuve authentique
de notre sympathie pour leurs croyances et
leurs affections.

Qu'ils nous permettent de leur dire en finis-
sant de ne jamais se défier des mouvemens
d'un cœur pur , inclinant par sa propre pente
vers l'antique vertu de la fidélité. C'est la vraie,
la plus sûre , celle où l'on risque le moins de
ne pas marcher droit.

Heureux les peuples, qui ne l'ont jamais
abandonnée, qui après avoir reçu le dépôt des
traditions de leurs pères , interprètes pour eux
du vœu de la nature, l'ont gardé intact. Leurs
devoirs leur sont faciles autant que doux.

Mais heureux encore ceux qui, ayant témé-
rairement goûté par une inquiète et dangereuse curiosité à la science du bien et du mal,
sauraient au moins, dans l'âge avancé où ils
seraient de la société , revenir par le raisonnement et l'effet de l'expérience aux principes immuables en eux-mêmes, éternels, dont
ils auraient gémi d'avoir pu s'écarter.

FIN.

9 782019 282233